BEI GRIN MACHT SICH IHR WISSEN BEZAHLT

AF141161

- Wir veröffentlichen Ihre Hausarbeit,
  Bachelor- und Masterarbeit

- Ihr eigenes eBook und Buch -
  weltweit in allen wichtigen Shops

- Verdienen Sie an jedem Verkauf

Jetzt bei www.GRIN.com hochladen
und kostenlos publizieren

Handlungsempfehlungen zur Gestaltung der Rollenverteilung zwischen der IT und den Fachbereichen bei Business Intelligence-Aktivitäten

Max Reckenburg

Bibliografische Information der Deutschen Nationalbibliothek:

Die Deutsche Nationalbibliothek verzeichnet diese Publikation in der Deutschen Nationalbibliografie; detaillierte bibliografische Daten sind im Internet über http://dnb.d-nb.de abrufbar.

ISBN: 9783346907271
Dieses Buch ist auch als E-Book erhältlich.

Wirtschaftsinformatik

Handlungsempfehlungen zur Gestaltung der Rollenverteilung zwischen der IT und den Fachbereichen bei Business Intelligence-Ativitäten

Studienarbeit 2012

Inhaltsverzeichnis

Abbildungsverzeichnis

1 Einleitung

„'I know that one-half of my advertising dollar is wasted, but my problem is that I don't know which half it is'"[1], wusste bereits John Wanamaker, der als Begründer des modernen Marketings gilt.[2] Zwar können auch durch Business Intelligence-Anwendungen derartig komplexe Problemstellungen nicht vollständig gelöst werden, allerdings unterstützen solche Systeme Fach- und Führungskräfte dabei, verschiedene Handlungsalternativen mit Hilfe von Kennzahlensystemen analysieren und bewerten zu können, um daraus Strategien abzuleiten und Geschäftsprozesse zu optimieren.[3]

Es wird zwischen verschiedenen Definitionsansätzen des Begriffes Business Intelligence (BI) unterschieden, die sich im Wesentlichen durch die Schwerpunkte Technik und Anwendung sowie die Prozessphasen Datenbereitstellung und Datenauswertung voneinander abgrenzen. Auch wenn auf die einzelnen Ansätze im Rahmen dieser Studienarbeit nicht weiter eingegangen werden kann, lässt sich BI unter Berücksichtigung gängiger Definitionen zusammenfassend als ein „... integrierte[r], unternehmensspezifische[r], IT-basierte[r] Gesamtansatz zur betrieblichen Entscheidungsunterstützung ..."[4] beschreiben, der in den Unternehmen bereits im Jahr 2006 die höchste Technologie-Priorität eingenommen hat und in Zukunft noch weiter an Bedeutung gewinnen wird.[5]

Im Laufe der Zeit hat sich der Betrachtungsfokus von BI einem Wechsel unterzogen. Lag dieser bis zuletzt noch auf der Technologie als solche, sind es zunehmend vor allem organisatorische Aspekte, die eine hohe Beachtung finden.[6] Das liegt insbesondere darin begründet, dass BI zur Wahrung der Wirtschaftlichkeit entsprechender Aktivitäten keinen Selbstzweck darstellt, sondern sich stets an den Geschäftsprozessen zu orientieren hat, die durch BI optimiert werden

---

[1] Wanamaker zitiert nach Holtz/Zahn (2004), S. 65.
[2] Vgl. Blümelhuber (2011), S. 23.
[3] Vgl. Bachmann/Kemper (2011), S. 21-22; vgl. Gluchowski/Gabriel/Dittmar (2008), S. 14 u. 26-27;
  vgl. Kehlenbeck (2011), S. 16; vgl. Kemper/Baars/Mehanna (2010), S. 255.
[4] Kemper/Baars/Mehanna (2010), S. 9.
[5] Vgl. Khan (2012), S. 64; vgl. Kolburn (2010), S. 9; vgl. o. V. (2006); vgl. o. V. (2011a), S. 5.
[6] Vgl. Chamoni (2010), S. 3; vgl. Laberge (2011), S. 42; vgl. Meyer (2012), S. 20;
  vgl. Williams/Williams (2012), S. 1.

sollen.[7] Hierzu und aus weiteren Gründen, die in Kapitel 2.1 erläutert werden, ist es erforderlich, eine eindeutige Rollenverteilung zwischen der BI-Abteilung und den Fachbereichen eines Unternehmens vorzunehmen.[8] Als ein in der Praxis erprobter Ansatz hat sich hierfür das sog. Business Intelligence Competency Center (BICC) etabliert, auf das in Kapitel 2.2 ausführlich eingegangen wird.[9]

In Kapitel 3 wird eine Zusammenfassung der wesentlichen Aspekte dieser Studienarbeit angeboten.

---

[7] Vgl. Kehlenbeck (2011), S. 16; vgl. Scholz (2006), S. 69.
[8] Vgl. Müller-Arnold (2011), S. 37.
[9] Vgl. Gansor/Totok/Stock (2010), S. 13.

2 Rollenverteilung zwischen IT und Fachbereichen

2.1 Definition und Notwendigkeit einer Rollenverteilung

Unter Rollenverteilung wird allgemein die Besetzung einer Rolle oder die „Verteilung der Aufgaben und Verhaltensweisen innerhalb einer sozialen Gruppe"[10] verstanden, wobei hierbei von dem Rollenverständnis im Sinne einer Stellung ausgegangen wird, die ein „[erwartetes] Verhalten innerhalb der Gesellschaft"[11] erfordert.[12] Bestandteile einer Strategie hinsichtlich der Rollenverteilung sind insbesondere eindeutige Entscheidungsbefugnisse und Verantwortungsbereiche sowie die damit verbundenen Haftungen und Pflichten.[13] Hierbei wird das Ziel verfolgt, durch die optimale Nutzung aller Ressourcen den Unternehmenswert zu erhöhen.[14] Eine besondere Bedeutung wird in diesem Zusammenhang BI zuteil, da auf der einen Seite die technikbezogene Dimension mit dem Schwerpunkt der Integration von Daten und auf der anderen Seite die fachbereichsbezogene Dimension mit dem Fokus auf flexible Analysen der Daten vorherrschen.[15] Die Notwendigkeit einer Rollenverteilung wird dabei insbesondere dadurch deutlich, dass die zu analysierenden Daten auf der einen Seite von den Fachabteilungen erzeugt, aber auf der anderen Seite von der BI-Abteilung aussagekräftige Datenberichte erwartet werden.[16] Dies erfordert enge Absprachen und Schulungen der Fachabteilungen, damit diese in die Lage versetzt werden, eine angemessene Datenqualität zu gewährleisten.[17]

Ein weiterer Grund, warum eine Rollenverteilung bei BI-Aktivitäten eine wichtige Bedeutung hat, ist durch die historisch gewachsene Systemvielfalt bedingt, die sich insbesondere aufgrund der Implementierung individueller BI-Lösungen in einzelnen Fachbereichen in vielen Unternehmen nicht hat vermeiden lassen.[18] Das ist in erster Linie darauf zurückzuführen, dass sich BI-Initiativen ohne

---

[10] o. V. (2012a).
[11] o. V. (2012b).
[12] Vgl. o. V. (2012b); vgl. o. V. (2012b).
[13] Vgl. Bashiri/Engels/Heinzelmann (2010), S. 128.
[14] Vgl. Bienert/Wildhaber (2007), S. 40.
[15] Vgl. Müller-Arnold (2011), S. 37.
[16] Vgl. Apel et al. (2009), S. 41; vgl. Laberge (2011), S. 360.
[17] Vgl. Apel et al. (2009), S. 23; vgl. Bachmann/Kemper (2011), S. 15-16.
[18] Vgl. Gansor/Totok/Stock (2010), S. 14.

Rollenvorteilung am kurzfristig ausgelegten Tagesgeschäft orientieren.[19] Eine Möglichkeit, die für die strategische Entscheidungsunterstützung erforderliche Rollenverteilung zu ermöglichen, stellt ein Business Intelligence Competency Center dar, das im folgenden Unterkapitel beschrieben wird.[20]

2.2 Business Intelligence Competency Center als Umsetzungsmöglichkeit

2.2.1 Definition

Ein Business Intelligence Competency Center (BICC) ist ein funktionsübergreifendes Team innerhalb einer Organisation, das Aufgaben, Rollen, Verantwortlichkeiten und Vorgänge übernimmt, die zur ganzheitlichen Betreuung von BI in einem Unternehmen anfallen.[21] Das BICC sieht sich dabei insbesondere in einer Moderatorenrolle zwischen der IT und den Fachbereichen, wobei das entsprechende Fähigkeiten der Team-mitglieder voraussetzt.[22] Primäres Ziel des BICC ist es, die Komplexität von BI unter Berücksichtigung fachlicher, technischer und organisatorischer Problemstellungen best-möglich für das Unternehmen zu bewältigen.[23]

2.2.2 Funktionen und Rollen

Die Existenz und Ausprägungen der Funktionen eines BICC werden maßgeblich durch organisatorische, fachliche, architektonische sowie technologische Ziele bestimmt, die in der BI-Strategie[24] eines Unternehmens definiert sind.[25] Da im Rahmen dieser Studienarbeit nicht ausführlicher auf entsprechende Zusammenhänge eingegangen werden kann, beschränken sich die folgenden Erläuterungen auf vier wesentliche Funktionen eines BICC, die jeweils über Unterfunktionen verfügen.

Eine dieser Hauptfunktionen ist das BI-Management, das insbesondere die optimale Planung und Steuerung des BICC im Innen- und Außenverhältnis zum Ziel

---

[19] Vgl. Bachmann/Kemper (2011), S. 51-53.
[20] Vgl. Gansor/Totok/Stock (2010), S. 19-21; vgl. Gluchowski/Gabriel/Dittmar (2008), S. 251.
[21] Vgl. Gluchowski/Gabriel/Dittmar (2008), S. 262; vgl. Strange/Hostmann (2003).
[22] Vgl. Gluchowski (2008), S. 389.
[23] Vgl. Miehle/Gronwald (2010), S. 16.
[24] S. zum Begriff „BI-Strategie" Glossar, S. VI.
[25] Vgl. Gansor/Totok/Stock (2010), S. 116-117.

hat. Diese Funktion bildet damit die Schnittstelle zu anderen Geschäftseinheiten und ist mit Personal zu besetzen, das die Rolle des BICC-Leiters innehält.[26] Auch die BI-Architektur verfügt als Funktion über eine Rolle. Im Gegensatz zum BICC-Leiter ist der BI-Architekt jedoch technisch orientiert und verantwortet das Gesamtkonzept von BI im Unternehmen in Hinblick auf fachliche und vor allem technische Aspekte.[27] Die technische Dimension steht auch bei den beiden weiteren Hauptfunktionen im Vordergrund. Während die BI-Unterstützung für technische Supportleistungen sowie die BI-Personalentwicklung zuständig ist, verantwortet die BI-Umsetzung vor allem die Entwicklung und den Betrieb von BI-Lösungen.[28]

Das folgende Schaubild soll insbesondere vor dem Hintergrund der letzten Funktion BI als Prozess aufzeigen, bei dem Daten, die i. d. R. bei operativen Tätigkeiten in großem Umfang gespeichert werden, zunächst in Informationen und anschließend in Wissen zu überführen sind, um schließlich die Anwender in die Lage zu versetzen, auf dieser Grundlage Entscheidungen treffen zu können.[29]

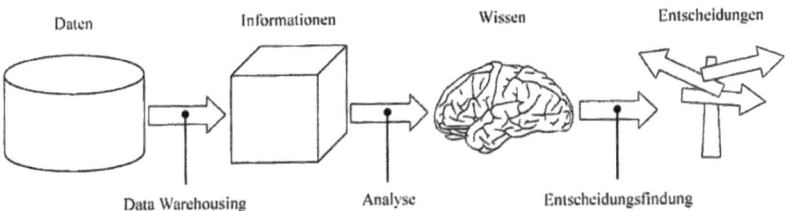

Abbildung 1: Business Intelligence als Prozess[30]

2.2.3 Gestaltungsvarianten

Nachdem im vorigen Unterkapitel die wesentlichen Funktionen und Rollen eines BICC gegenübergestellt wurden, ist es Ziel dieses Unterkapitels, verschiedene Gestaltungsvarianten eines BICC aufzuzeigen, die die Funktionen und Rollen unterschiedlich stark berücksichtigen.

---

[26] Vgl. Gansor/Totok/Stock (2010), S. 119-120 u. 135; vgl. Gluchowski (2008), S. 389.
[27] Vgl. Gansor/Totok/Stock (2010), S. 121-123 u. 137.
[28] Vgl. Gansor/Totok/Stock (2010), S. 123-127.
[29] Vgl. Kehlenbeck (2011), S. 24.
[30] In Anlehnung an Kehlenbeck (2011), S. 24.

2.2.3.1 BICC als BI-Volldienstleister

Eine Möglichkeit stellt die Ausgestaltung als BI-Volldienstleister dar, bei dem das BICC für sämtliche Funktionen zuständig ist, die im vorigen Unterkapitel erläutert wurden. Entsprechend groß ist der Personalbedarf, der sämtliche Rollen in angemessener Weise zu decken hat und bei entsprechenden Projekten durch weitere Mitarbeiter aus Fach- oder IT-Abteilungen zu ergänzen ist.[31] Dies macht auch den wesentlichen Nachteil dieser Gestaltungsvariante deutlich, dass wenig IT-spezifische Synergien innerhalb des Unternehmens genutzt werden, sondern stattdessen ein vollständiger BI-Dienstleister im IT-Dienstleister entsteht. Als Vorteil sind dem-gegenüber allerdings die kurzen Entscheidungs- und Handlungswege von der BI-Strategie bis zur operativen Umsetzung zu nennen, was einen enormen Geschwindigkeitsvorteil zur Folge hat.[32]

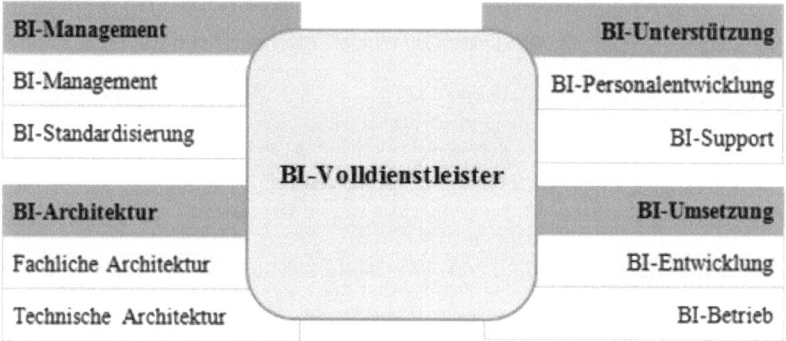

Abbildung 2: BICC als BI-Volldienstleister[33]

2.2.3.2 BICC als interne Beratung

Im Gegensatz zum BI-Volldienstleister steht das BICC als interne Beratung den Fachanwendern, den Entwicklungsteams sowie den IT-Betriebsstellen im Unternehmen ausschließlich beratend zur Verfügung und übernimmt keinerlei Umsetzungstätigkeiten. Die Gefahr besteht bei einem solchen Vorgehen darin, dass das BICC bei BI-Initiativen übergangen wird und als Folge i. d. R. keine unternehmensweiten BI-Standards eingehalten werden. Dem kann nur durch

---

[31] Vgl. Kemper/Baars/Mehanna (2010), S. 193.
[32] Vgl. Gansor/Totok/Stock (2010), S. 168-169.
[33] In Anlehnung an Gansor/Totok/Stock (2010), S. 168.

herausragende Beratungsleistungen entgegengewirkt werden, so dass die Beratungsnehmer das BICC aus Eigeninteresse in die BI-Prozesse integrieren und dadurch die BI-Kompetenzen des BICC dem Unternehmen zu einem Mehrwert verhelfen.[34]

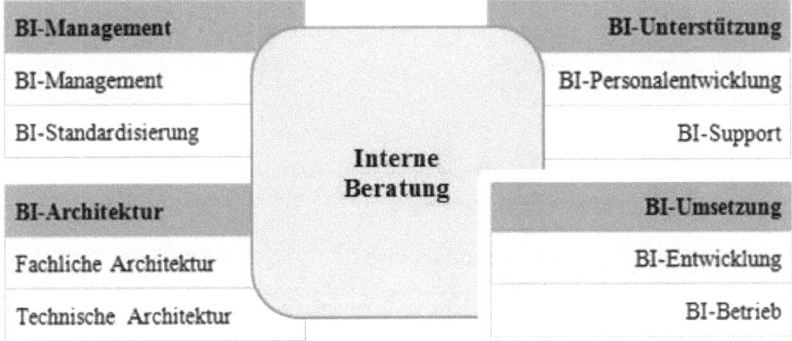

Abbildung 3: BICC als interne Beratung[35]

2.2.3.3 BICC als Koordinierungsstelle

Vergleichsweise wenig Personal bedarf ein BICC als BI-Koordinierungsstelle. Anstatt alle BI-Belange selbst durchzuführen bzw. dabei beratend tätig zu sein, werden sämtliche Tätigkeiten bei dieser Gestaltungsvariante zwischen den verschiedenen internen und u. U. auch externen Abteilungen koordiniert.[36] Die Herausforderung besteht dabei darin, dass das BICC in einer solchen Vermittlerrolle Kompromisse vereinbaren muss, die das Kompetenzzentrum zu einer unbeliebten Anlaufstelle im Unternehmen machen können. Als Vorteil ist allerdings gegenüber den anderen Gestaltungsvarianten der oben bereits erwähnte geringe Personalbedarf sowie die damit einhergehenden schlanken Strukturen zu nennen, die eine schnelle und unkomplizierte Kommunikation ermöglichen.[37]

---

[34] Vgl. Gansor/Totok/Stock (2010), S. 169-171.
[35] In Anlehnung an Gansor/Totok/Stock (2010), S. 170.
[36] Vgl. Kemper/Baars/Mehanna (2010), S. 193.
[37] Vgl. Gansor/Totok/Stock (2010), S. 171-173.

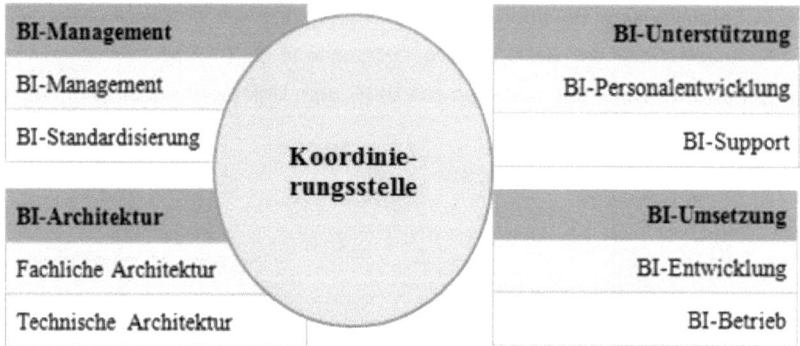

Abbildung 4: BICC als Koordinierungsstelle[38]

2.2.3.4 BICC als Anwendungscenter

Als letzte Gestaltungsmöglichkeit wird im Folgenden das BICC als Anwendungscenter den anderen Varianten gegenübergestellt und bewertet. Diese Form nimmt insofern eine besondere Stellung ein, dass sie sehr technisch orientiert ist und in erster Linie Supporttätigkeiten wahrgenommen werden.[39] Bei diesem Vorgehen ist zwar vorteilhaft, dass die individuellen Anforderungen der Fachabteilungen unter Berücksichtigung der unternehmensweiten BI-Standards kompetent umgesetzt werden können, aber auf der anderen Seite entstehen viele Schnittstellen zu einzelnen Fachabteilungen, die ihren eigenen Projekten naturgemäß eine besonders hohe Priorität beimessen lassen wollen.[40] Letzteres hat zur Folge, dass sich Konflikte zwischen einzelnen Fachabteilungen und dem BICC nicht vermeiden lassen, so dass sich die Akzeptanz für ein solches Kompetenzzentrum erheblich reduziert.[41]

---

[38] In Anlehnung an Gansor/Totok/Stock (2010), S. 171.

[39] Vgl. Gansor/Totok/Stock (2010), S. 173-174; vgl. Kemper/Baars/Mehanna (2010), S. 193.

[40] Vgl. Gluchowski/Gabriel/Dittmar (2008), S. 105-107.

[41] Vgl. Gansor/Totok/Stock (2010), S. 173-174.

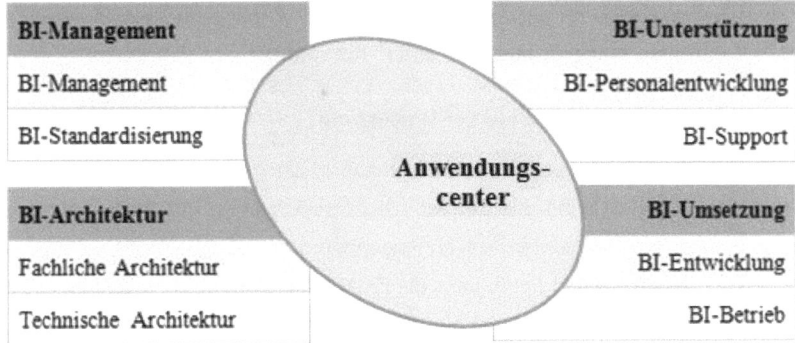

Abbildung 5: BICC als Anwendungscenter[42]

2.2.4 Positionierungsmöglichkeiten in Unternehmen

Neben der Gestaltungsform eines BICC ist auch dessen Integrierung in die Unternehmensstruktur eine wesentliche Fragestellung bei der Evaluierung eines solchen Kompetenzzentrums.[43] Während ein Anwendungscenter aufgrund seiner technischen Ausrichtung als eigenständige IT-Abteilung aufgestellt sein sollte, sind interne BI-Beratungen wegen ihrer ganzheitlich beratenden Funktion in einem Unternehmen als Stabsstelle zu positionieren.[44] Um bei Letzterem den Nachteil der fehlenden Weisungsbefugnis zu umgehen und den Kontakt zu unterschiedlichen Fachbereichen herzustellen, lässt sich statt der Stabsstelle in der Reinform auch eine Mischform aus Stabsstelle und einer Querschnittsfunktion etablieren.[45]

Ein virtuelles BICC, bei dem die Teammitglieder weiterhin in ihren primären Organisationseinheiten eingesetzt sind, ist aufgrund des Aufbaus eines interdisziplinären Expertenteams sowohl für einen BI-Volldienstleister, als auch für eine BI-Koordinierungsstelle eine geeignete Positionierungsmöglichkeit innerhalb eines Unternehmens.[46] Dargestellt sind die erläuterten Eingliederungsformen des

---

[42] In Anlehnung an Gansor/Totok/Stock (2010), S. 173.
[43] Vgl. Gansor/Totok/Stock (2010), S. 148.
[44] Vgl. Bashiri/Engels/Heinzelmann (2010), S. 156 u. 158; vgl. Gansor/Totok/Stock (2010), S. 146-149.
[45] Vgl. Gansor/Totok/Stock (2010), S. 152-153.
[46] Vgl. Bashiri/Engels/Heinzelmann (2010), S. 158; vgl. Gansor/Totok/Stock (2010), S. 154-156.

BICC in das Unternehmensorganigramm im Anhang auf den Seiten A**Fehler! Textmarke nicht definiert.**-A**Fehler! Textmarke nicht definiert.**.

2.2.5 Erfolgsfaktoren bei der Umsetzung

Nachdem in den oberen Kapiteln zunächst Handlungsempfehlungen zur Gestaltung des BICC und anschließend zur Positionierung innerhalb des Unternehmens erarbeitet wurden, soll im Folgenden darauf eingegangen werden, wie sichergestellt werden kann, dass die Einführung einer solchen Einheit erfolgreich ist.

Ein wesentliches Erfolgskriterium ist die Erstellung einer mittelfristigen Planung, bei der zunächst die Schnittstellen zu den Fachbereichen geändert werden sollten, da diese Maßnahme für alle Beteiligten den größten Mehrwert bringt und das BICC damit eine große Akzeptanz bekommt. Im weiteren Zeitverlauf ist ein kontinuierlicher Ver-besserungsprozess zu initiieren, durch den es allen Beteiligten ermöglicht wird, aktiv an der Gestaltung des BICC mitzuwirken.[47]

Aufgrund der großen Bedeutung des BICC für das Gesamtunternehmen sollte zudem ein Sponsor aus dem Top-Management gewonnen werden, um operative Widerstände bereits zu Beginn minimal zu halten.[48] Hierzu ist es auch sinnvoll, für das BICC zusätzlich Marketing zu betreiben, indem allen Beteiligten verdeutlicht wird, dass mit der Einführung des BICC eine enorme Verbesserung der Kommunikation zwischen der IT und den Fachbereichen bei BI-Aktivitäten erzielt werden soll.[49] Dabei ist darauf zu achten, dass die Ziele in einer für die Betroffenen verständlichen Sprache kommuniziert und das korrekte Verständnis evaluiert wird.[50] In dem Zusammenhang sind den Beteiligten auch die Folgen der neuen Rollenverteilung zu verdeutlichen, die in den folgenden beiden Kapiteln erläutert werden.[51]

---

[47] Vgl. Dittmar/Ossendoth (2010a), S. 43.
[48] Vgl. Bashiri/Engels/Heinzelmann (2010), S. 178; vgl. Bienert/Wildhaber (2007), S. 14; vgl. Gluchowski/Gabriel/Dittmar (2008), S. 263.
[49] Vgl. Dittmar/Ossendoth (2010a), S. 42.
[50] Vgl. Bohlen (2012), S. 33; vgl. Gansor/Totok/Stock (2010), S. 205-206; vgl. auch Adamala/Cidrin (2011), S. 7; vgl. auch Dittmar/Ossendoth (2010b), S. 72-73.
[51] Vgl. Goltsche (2006), S. 67.

2.2.6 Folgen für die Rolle der IT

Zunächst ist festzuhalten, dass die Einführung eines BICC als virtuelles Team nicht zwangsläufig eine räumliche Veränderung zur Folge hat. Sie wird aber empfohlen, wenn es Fachbereiche mit starker BI-Nachfrage gibt, die bisher nicht von einem BI-Mitarbeiter vor Ort betreut werden.

Gleichzeitig bedeutet das virtuelle Arbeiten für die BI-Abteilung die größte Veränderung bei Durchführung dieser Handlungsempfehlungen, da es das in diesem Ausmaß bisher nicht gegeben hat. Den Beteiligten sollte eine entsprechende Umgewöhnungsphase eingeräumt werden, wobei die Mitarbeiter Veränderungen gewohnt sind und ihre Arbeitsweise zeitnah umstellen können.

Eine weitere, wesentliche Umstellung fällt des Weiteren bzgl. der neuen Schnittstellen und Ansprechpartner an. Haben einige Mitarbeiter bisher Supporttickets direkt von den Fachbereichen erhalten und dies als störend empfunden, wird ihr zentraler Ansprech-partner in Zukunft ein BI-Architekt sein. Dieser ermöglicht es den Entwicklern außerdem, eigene technische Themen einzubringen, um dem Wunsch der Fachbereiche nachkommen zu können, über neue Technologien proaktiv informiert zu werden. Das setzt voraus, dass der BI-Architekt sowohl IT-spezifische, als auch fachbereichs-spezifische Gespräche führen kann.[52]

2.2.7 Folgen für die Rolle der Fachbereiche

Neben der BI-Abteilung ergeben sich auch für die Fachbereich Veränderungen. Dies betrifft insbesondere die Schnittstellen zur BI-Abteilung über den BI-Architekten bei der Formulierung von Anforderungen und über den Trainer bei Schulungsbedarfen. Die hierfür zu schaffende Rolle des Repräsentanten der Fachseite wird zukünftig die Anforderungen aus dem eigenen Bereich konsolidieren und von der IT erhaltene Informationen weiterleiten.

Sowohl der BI-Architekt, als auch der Trainer werden nach diesem Konzept zukünftig gemeinsam mit den Repräsentanten der Fachseite versuchen, sich auf das gleiche Fachvokabular zu verständigen. Weiterhin sollte es regelmäßig Absprachen zwischen den drei Beteiligten geben, um sich kontinuierlich über

---

[52] Vgl. Bashiri/Engels/Heinzelmann (2010), S. 179; vgl. Gluchowski/Gabriel/Dittmar (2008), S. 311.

geänderte Geschäftsprozesse, Aktualisierungen an bestehenden Anwendungs-
systemen, neue Technologien sowie Schulungsbedarfe auszutauschen.[53] Auf
diese Weise ist es auch möglich, die Anwender bereits in der Phase der Prototy-
penentwicklung fachlich an der Entstehung neuer Systeme zu beteiligen. Dies
wird in vielen Projekten positiv hervorgehoben.[54]

---

[53] Vgl. Bashiri/Engels/Heinzelmann (2010), S. 182.
[54] Vgl. Sandner (2011), S. 50.

3 Zusammenfassung

Laut einer Studie des Business Application Research Centers haben zwei Drittel der befragten Unternehmen, die bereits ein BICC eingeführt haben, das BICC aus Kostengesichtspunkten als virtuelle Einheit in das Unternehmen integriert.[55] Der größte Nutzen erweist sich dabei in einer Effizienzsteigerung hinsichtlich der Kommunikation zwischen IT- und Fachbereich, die die Erstellung wertschöpfender BI-Systeme kostengünstiger ermöglicht.[56]

Trotz vieler Vorteile muss die Einführung und Steuerung eines BICC als Herausforderung gesehen werden. Der Erfolg einer solchen BI-Initiative hängt maßgeblich davon ab, wie die einzelnen Mitarbeiter mit den aufgezeigten Veränderungen umgehen. Umso entscheidender ist eine kontinuierliche Evaluation des BICC, die nicht nur während der Einführungsphase, sondern dauerhaft unter Einbeziehung aller Beteiligten durchzuführen ist.[57]

Erleichtert wird die Erreichung der dafür notwendigen Akzeptanz derzeit durch eine neue BI-Technologie, die es den Fachbereichen ermöglicht, in zugewiesenen Datenbeständen selbstständig zu recherchieren.[58]

Bezugnehmend auf die Einleitung dieser Studienarbeit, dass BI-Anwendungssysteme zur Entscheidungsunterstützung eingesetzt werden, sei abschließend noch ein Zitat genannt: „Wenn der technologische Fortschritt tatsächlich zur Folge hat, den Anwender wieder mehr in den Vordergrund zu rücken, so würde die Technologie ihrer ursprünglichen Intention gerecht werden."[59]

---

[55] Vgl. Vierkorn et al. (2010), S. 17.
[56] Vgl. Bashiri/Engels/Heinzelmann (2010), S. 155-156.
[57] Vgl. Gansor/Totok/Stock (2010), S. 34-35.
[58] Vgl. Bachmann/Kemper (2011), S. 263.
[59] Bachmann/Kemper (2011), S. 263.

Literaturverzeichnis

Adamala, S./Cidrin, L. (2011)
Key Success Factors in Business Intelligence; in: Journal of Intelligence Studies in Business, 1. Jahrgang, Heft 1/1.

Apel, D./Behme, W./Eberlein, R./Merighi, C. (2009)
Datenqualität erfolgreich steuern: Praxislösungen für Business-Intelligence-Projekte, München u. a.

Bachmann, R./Kemper, G. (2011)
Raus aus der BI-Falle: Wie Business Intelligence zum Erfolg wird, 2. Aufl., Heidelberg u.a.

Bashiri, I./Engels, C./Heinzelmann, M. (2010)
Strategic Alignment: Zur Ausrichtung von Business, IT und Business Intelligence, Heidelberg u. a.

Bienert, P./Wildhaber, B. (2007)
IT-Governance: Strategische Führung und Kontrolle von Informationssystemen als Teil der New Corporate Governance, Glattzentrum.

Blümelhuber, C. (2011)
Ausweitung der Konsumzone: Wie Marketing unser Leben bestimmt, Frankfurt u. a.

Bohlen, M. (2012)
Flow in Lean, Flow im Team: Was Lean mit dem persönlichen Erleben zu tun hat; in: Java-Spektrum, 16. Jahrgang, Heft 3/6, S. 30-36.

Chamoni, P. (2010)
Ein Zentrum für die Menschen; in: BI-Spektrum, 5. Jahrgang, Heft 1/5, S. 3.

Dittmar, C./Ossendoth, V. (2010a)

BI Competence Center: Erfolgsfaktoren beim Aufbau und Betrieb; in: BI-Spektrum, 5. Jahrgang, Heft 1/5, S. 40-44.

Dittmar, C./Ossendoth, V. (2010b)

Die organisatorische Dimension von Business Intelligence: Vorgehen und Erfahrungen bei der Gestaltung von Business Intelligence Organisationen; in: Chamoni, P./Gluchowski, P. (Hrsg.), Analytische Informationssysteme: Business Intelligence-Technologien und -Anwendungen, 4. Aufl., Berlin u. a, S. 59-86.

Gansor, T./Totok, A./Stock, S. (2010)

Von der Strategie zum Business Intelligence Competency Center (BICC): Konzeption – Betrieb – Praxis, München u. a.

Gluchowski, P. (2008)

Ansatzpunkte zur Gestaltung einer Business Intelligence-Strategie; in: Strategisches Management zwischen Globalisierung und Regionalisierung, Wiesbaden, S. 387-402.

Gluchowski, P./Gabriel, R./Dittmar, C. (2008)

Management Support Systeme und Business Intelligence: Computergestützte Informationssysteme für Fach- und Führungskräfte, 2. Aufl., Berlin u. a.

Goltsche, W. (2006)

COBIT kompakt und verständlich: Der Standard zur IT-Governance – So gewinnen Sie Kontrolle über Ihre IT – So steuern Sie Ihre IT und erreichen Ihre Ziele, Wiesbaden.

Hahne, M. (2005)

SAP Business Information Warehouse: Mehrdimensionale Datenmodellierung, Berlin u. a.

Holtz, H./Zahn, D. (2004)

How to succeed as an independent consultant, New York u. a.

Johnson, B./Higgins, J. (2007)

ITIL and the Software Lifecycle: Practical Strategy and Design Principles, Zalt-bommel.

Kehlenbeck, M. (2011)

Beiträge zu Business Intelligence und IT-Compliance, Hannover.

Kemper, H.-G./Baars, H./Mehanna, W. (2010)

Business Intelligence – Grundlagen und praktische Anwendungen: Eine Einfüh-rung in die IT-basierte Managementunterstützung, 3. Aufl., Wiesbaden.

Khan, R.-A. (2012)

Business Intelligence: An integrated approach; in: Business Intelligence Journal, 17. Jahrgang, Heft 1/4, S. 64-70.

Knight, B./Knight, D./Jorgensen, A./LeBlanc, P./Davis, M. (2011)

Knight's Microsoft Business Intelligence 24-Hour Trainer, Hoboken.

Kolburn, B. (2010)

The BI Center Of Excellence: Enabler Of User Self Sufficiency; in: BI-Spektrum, 5. Jahrgang, Heft 1/5, S. 9-15.

Kurzlechner, W. (2011)

Analysten erklären das BICC: Business Intelligence richtig organisieren, http://www.cfoworld.de/fokus/business-intelligence/business-intelligence-richtig-organisieren, Stand: 17.06.2011.

Laberge, R. (2011)

The Data Warehouse Mentor: Practical Data Warehouse and Business Intelli-gence Insights, New York.

Meyer, S. (2012)

Agiles BI-Lifecycle-Management: Intelligent zu höheren Reifegraden; in: BI-Spektrum, 7. Jahrgang, Heft 1/5, S. 20-22.

Miehle, A./Gronwald, H. (2010)

BICC mit Best Practice Ansatz: Ein Vorgehensmodell bei der Einführung; in: BI-Spektrum, 5. Jahrgang, Heft 1/5, S. 16-20.

Müller-Arnold, T. (2011)

BI-Governance: Das Unternehmen konsistent strategisch steuern; in: BI-Spektrum, 6. Jahrgang, Heft 5/5, S. 36-38.

o. V. (2006)

Gartner Survey of 1,400 CIOs Shows Transformation of IT Organisation is Accelerating, http://www.gartner.com/press_releases/asset_143678_11.html, Stand: 23.01.2006.

o. V. (2008)

How To – Setup an InterCompany Matching Application in SAP BPC, http://www.sdn.sap.com/irj/scn/go/portal/prtroot/docs/library/uuid/e081e99f-87b1-2b10-448a-a31b1c7a91e8?QuickLink=index&overridelayout=true&36842229522495, Stand: 05.08.2012.

o. V. (2011a)

Markt und Produkte: BI-Umsatz wächst um neun Prozent; in: BI-Spektrum, 6. Jahrgang, Heft 5/5, S. 5.

o. V. (2011b)

ETL-Prozess, http://de.wikipedia.org/wiki/ETL-Prozess, Stand: 23.11.2011.

o. V. (2012a)

Rollenverteilung, http://www.duden.de/rechtschreibung/Rollenverteilung, Stand: 02.06.2012.

o. V. (2012b)

Rolle, http://www.duden.de/rechtschreibung/Rolle, Stand: 02.06.2012.

Quack, K. (2012)

IT-Strategien: Was CIOs akut beschäftigt; in: Computerwoche, 38. Jahrgang, Heft 14/52, S. 32.

Roze, C.-M. (2002)

A Business Information Warehouse Study Guide, Hoboken.

Sandner, T. (2011)

Beiträge zum IT-Compliance Management, Hannover.

Scholz, A. (2006)

Business Intelligence: Gegenwärtige Entwicklung und projektbezogene Konzeption eines Planungsinstruments anhand der Standardsoftware Cognos Enterprise Planning, Hamburg.

Söbbing, T. (2005)

Handbuch IT-Outsourcing: Recht, Strategie, Prozesse, IT, Steuern samt Business Process Outsourcing, 3. Aufl., Heidelberg u. a.

Strange, K.-H./Hostmann, B. (2003)

BI Competency Center Is Core to BI Success, http://www.gartner.com/id=400976, Stand: 22.07.2003.

Vierkorn, S./Mack, M./Finucane, B./Witte, T.-S. (2010)

Organization of Business Intelligence 2010: Key factors for your successful business intelligence competency center, Würzburg.

Werner, T./Mumenthaler, S./Schuler, A.-H./Grossmann, D. (2005)

Innovatives Reporting mit SAP SEM BCS 4.0: Zukunftsweisende Reportingkonzepte und deren praktische Umsetzung bei einem Global Player, München.

Williams, S./Williams, N. (2010)

The Business Value of Business Intelligence; in: Business Intelligence Journal, 15. Jahrgang, Heft 4/4, S. 33-42.

Anhang

Anhang 1: BICC als Abteilung in einer Mehrlinienorganisation

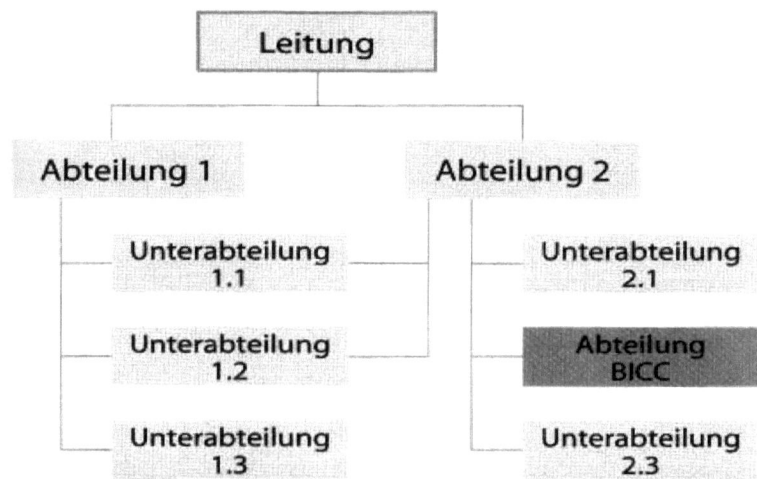

Abbildung 6: BICC als Abteilung in einer Mehrlinienorganisation[60]

---

[60] In Anlehnung an Gansor/Totok/Stock (2010), S. 149.

Anhang 2: BICC als Stabstelle in einer Einlinienorganisation

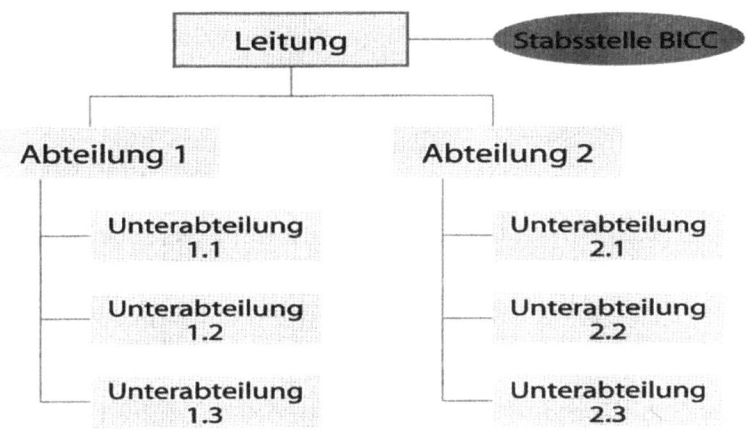

Abbildung 7: BICC als Stabsstelle in einer Einlinienorganisation[61]

---

[61] In Anlehnung an Gansor/Totok/Stock (2010), S. 149.

Anhang 3: BICC als Mischform aus Stabstelle und Querschnittsfunktion

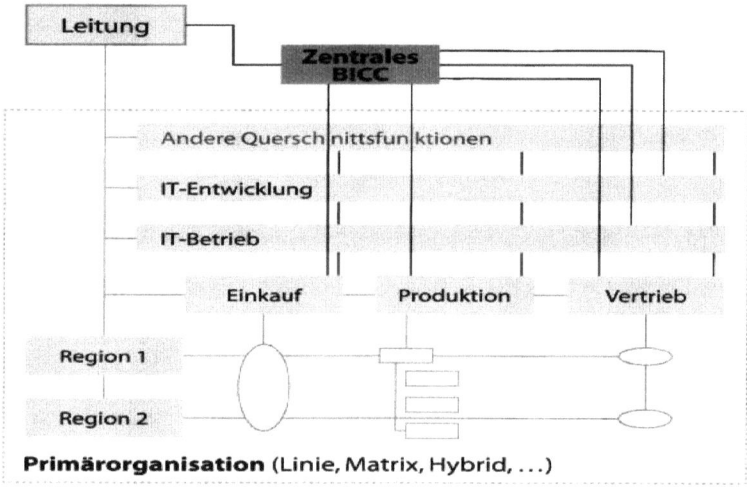

Abbildung 8: BICC als Mischform aus Stabsstelle und Querschnittsfunktion[62]

---

[62] In Anlehnung an Gansor/Totok/Stock (2010), S. 152.

Anhang 4: BICC als virtuelle Einheit

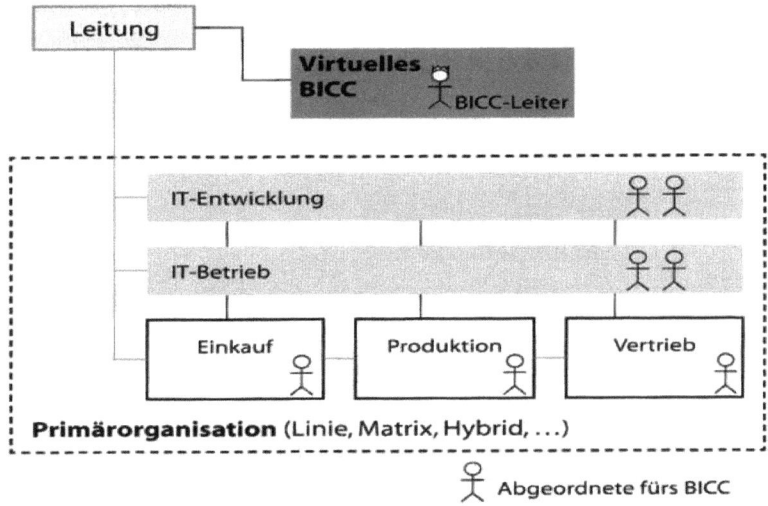

Abbildung 9: BICC als virtuelle Einheit[63]

---

[63] In Anlehnung an Gansor/Totok/Stock (2010), S. 155.

Glosar

Beladungen

Die IT-Systeme werden mit Daten beladen, indem sie aus anderen, zumeist operativen Systemen kopiert werden, um daraus Analysen und Auswertungen zu realisieren.

BI

BI steht für Business Intelligence und wird im Rahmen dieser Studienarbeit als ganzheitlicher Ansatz zur Entscheidungsunterstützung definiert. BI ist aber im Speziellen auch eine Anwendung des Softwareherstellers SAP, die strategische Informationen vorhält.

BI-Strategie

Durch die BI-Strategie legt ein Unternehmen fest, wie die Auswertung von Informationen erfolgt. Die BI-Strategie ist mittel- bis langfristig ausgelegt und orientiert sich hinsichtlich der Kernaussagen an der Unternehmensstrategie.

BPC

BPC steht für "Planning and Consolidation" und ist ein SAP-Modul, das die Planung und Konsolidierung von Kennzahlen bereichsübergreifend ermöglicht.

BW

BW steht für Business Information Warehouse und ist eine Software des Herstellers SAP zur Unterstützung der dispositiven und strategischen Prozesse eines Unternehmens.

InterCompany Matching

"InterCompany Matching" ist ein SAP-Modul, das es ermöglicht, Daten verschiedener Gesellschaften zu konsolidieren.

Lifecycle Management einer Anwendung

Das Lifecycle Management einer Anwendung (Software Lifecycle Management) beinhaltet die Steuerung einer Software während des gesamten Lebenszykluses. Hierzu zählen das Beschreiben (Spezifizieren), die Entwicklung, Auslieferung sowie Wartung der Software.

Microsoft BI

Microsoft BI ist ein BI-Anwendungssystem zur Entscheidungsunterstützung des Softwareherstellers Microsoft.

Oracle Database

Oracle Database ist eine Anwendung des Herstellers Oracle Corporation, die die Konsolidierung von Unternehmensdaten ermöglicht.

QlikView

QlikView ist eine Software des deutschen Herstellers QlikTech GmbH, die Daten in Diagrammen anzeigt und den Anwendern dadurch eine Entscheidungsunterstützung bietet.

Queries

Unter einer Query (Plural: Queries) wird eine Formel zur gezielten Datenabfrage in BI-Anwendungssystemen verstanden.

RyDoc

RyDoc ist ein Tool der RyDoc GmbH, das das Berichtswesen eines Unternehmens dokumentiert.

SAP BO

BO steht für Business Objects und ist eine BI-Anwendung von SAP, die die Entscheidungsfindung unterstützt.

SLA

Ein SLA ("Service Level Agreement") ist eine schriftliche Definition über die zu erbringenden Leistungen.

SUPM

SUPM ist ein SAP-Modul, das den Automatisierungsgrad beim Generieren von Reports erhöht und dadurch die Fehleranfälligkeit reduziert.

Abkürzungsverzeichnis

BI   Business Intelligence

BICC   Business Intelligence Competency Center

BO   Business Objects

BPC   Business Planning and Consolidation

BW   Business Information Warehouse

FB   Fachbereich

SLA   Service Level Agreement

BEI GRIN MACHT SICH IHR WISSEN BEZAHLT

- Wir veröffentlichen Ihre Hausarbeit,
  Bachelor- und Masterarbeit

- Ihr eigenes eBook und Buch -
  weltweit in allen wichtigen Shops

- Verdienen Sie an jedem Verkauf

Jetzt bei www.GRIN.com hochladen
und kostenlos publizieren